Für meine Frau

Lesley

Spencer Johnson

Das Glücksprinzip

Aus dem Englischen
von Elisabeth Parada Schönleitner

ARISTON

Die Originalausgabe erschien unter dem Titel
The Precious Present bei Doubleday Broadway Publishing
Group, Inc., New York / USA.

Die Deutsche Bibliothek – CIP-Einheitsaufnahme
Johnson, Spencer:
Das Glücksprinzip / Spencer Johnson. Aus dem Engl. von
Elisabeth Parada Schönleitner. – Kreuzlingen ;
München : Hugendubel, 2002
(Ariston)
Einheitssacht.: The precious present <dt.>
ISBN 3-7205-2352-7

Umschlaggestaltung: Zembsch' Werkstatt, München
Produktion: Maximiliane Seidl
Satz: EDV-Fotosatz Huber/
Verlagsservice G. Pfeifer, Germering
Druck: Huber, Dießen
Printed in Germany

ISBN 3-7205-2352-7

Für meine Frau

Lesley

Es war einmal

ein Junge...

... der oft
einem alten Mann
zuhörte.
So erfuhr er
von dem

KOSTBARSTEN GESCHENK

»Es ist wahrlich ein Geschenk,
denn man bekommt es geschenkt«,
erklärte der zufriedene Mann.

»Und man bezeichnet es als
KOSTBARSTES GESCHENK,
weil es das wundervollste Geschenk
überhaupt ist.«

Als der Junge fragte,
warum das so sei,
erklärte es ihm der alte Mann.

»Es ist das wundervollste
Geschenk, weil jeder,
der es bekommt,
für immer und ewig
glücklich ist.«

»Toll!«,
rief der kleine Junge
begeistert aus.
»Hoffentlich bekomme ich
auch eines Tages
das KOSTBARSTE GESCHENK.
Vielleicht zu Weihnachten!«

Der Junge lief davon,
um zu spielen.

Und der alte Mann lächelte.

Er genoss es, den Jungen
beim Spielen zu beobachten.

Er sah das Lächeln
im Gesicht des Jungen
und hörte ihn lachen,
wenn er an einem Ast
hin- und herschwang.

Der Junge war glücklich.

Es war eine Freude,
ihm zuzuschauen.

Der alte Mann beobachtete den Jungen
auch gern bei der Arbeit.

Samstags stand er früh auf,
um dem fleißigen Kerlchen zuzusehen,
das auf der
gegenüberliegenden Straßenseite
den Rasen mähte.

Für gewöhnlich
pfiff der Junge vor sich hin,
während er arbeitete.

Das Kind war bei allem,
was es tat, glücklich.

Ja, es war eine Freude, ihm zuzusehen.

Als der Junge über das nachdachte,
was der alte Mann ihm erzählt hatte,
glaubte er, begriffen zu haben.

Er wusste, was ein Geschenk war...

Das Fahrrad zum Beispiel,
das er zum Geburtstag
bekommen hatte,
und die Geschenke, die er am
Weihnachtsabend unter dem
Baum gefunden hatte.

Doch als der Junge
länger darüber nachdachte,
fiel ihm etwas auf.

Die Freude über Spielzeug
hielt nicht für immer und ewig an.

Der Junge wurde unsicher.

»Was ist dann dieses
KOSTBARSTE GESCHENK?«, fragte er sich.

»Was könnte so wunderbar sein...
großartiger als jedes
andere Geschenk...
dass man es das
KOSTBARSTE GESCHENK nennt?

Was könnte mich
für immer und ewig glücklich machen?«

Ihm wollte keine passende
Antwort einfallen.

So kehrte er zu dem alten Mann zurück,
um ihn zu fragen.

»Ist das KOSTBARSTE GESCHENK
ein Zauberring,
mit dem alle meine Wünsche
in Erfüllung gehen,
wenn ich ihn mir
an den Finger stecke?«

»Nein«, lautete die Antwort.

Das
KOSTBARSTE GESCHENK
hat nichts
mit Wünschen
zu tun.

Als der Junge heranwuchs,
grübelte er weiter
über dieses Rätsel nach.
Eines Tages ging er wieder
zu dem alten Mann.

»Ist das KOSTBARSTE GESCHENK ein
fliegender Teppich?«, fragte er.
»Ein Teppich, mit dem ich reisen kann,
wohin ich will?«

»Nein«, antwortete
der Mann ruhig.

Wenn du das

KOSTBARSTE GESCHENK

besitzt,

bist du glücklich

und zufrieden,

wo immer

du auch sein magst.

Als aus dem Jungen ein
junger Mann wurde, erschien es ihm
ein wenig töricht, wieder zu fragen.

Doch seine Gedanken ließen ihn nicht los.

Allmählich begriff er, dass er
nicht erreichte, was er sich wünschte.

»Ist dieses KOSTBARSTE GESCHENK ein
versunkener Schatz?«,
forschte er vorsichtig nach.
»Vielleicht einige seltene Goldmünzen,
die vor langer Zeit von
Piraten vergraben wurden?«

»Nein, mein Junge«,
antwortete der alte Mann.
»Keine Goldmünzen.«

Wahrhaftig,

Reichtum ist selten.

Aber...

der Wert des

KOSTBARSTEN GESCHENKS

liegt nur

in ihm selbst.

Der junge Mann
dachte einen Augenblick
lang nach.
Schließlich stieg Ärger
in ihm hoch.

»Du hast mir gesagt,
dass jeder,
der ein solches Geschenk erhält,
für immer und ewig
glücklich ist«,
sagte der junge Mann.
»So ein Geschenk habe ich
als Kind nie bekommen.«

»Ich fürchte,
dass du mich missverstehst«,
antwortete der alte Mann.

Du weißt bereits, was das
kostbarste Geschenk ist.

Du weißt sogar,
wo du es findest.

Und du weißt auch,
wie es dich
glücklich machen kann.

Am besten hast du das
als kleines Kind gewusst.

Du hast es bloß vergessen.

Der junge Mann ging fort,
um nachzudenken.

Doch je mehr Zeit verstrich,
desto größer wurde seine Enttäuschung,
und schließlich empfand er Wut.

Er stellte den
alten Mann zur Rede.

»Wenn du willst,
dass ich glücklich bin,
warum sagst du mir dann
nicht einfach, was dieses
KOSTBARSTE GESCHENK ist?«,
fuhr er den alten Mann an.

»Und wo du es findest?«,
fügte der alte Mann hinzu.

»Ja, genau«,
bekräftigte der junge Mann.

»Das würde ich gerne«,
begann der alte Mann,
»aber dazu habe ich nicht die Macht.

Niemand hat diese Macht.

Nur du selbst hast die Macht,
dich glücklich zu machen«,
erklärte der alte Mann.

»Nur du.«

Das kostbarste Geschenk
bekommst du
nicht von jemand anderem.

Nur du selbst
kannst es dir schenken.

Der junge Mann war verwirrt
und gleichzeitig fest entschlossen.

Er würde das KOSTBARSTE 🎁 GESCHENK
selbst finden.

Und so...

... packte er
seine Siebensachen
und brach
von zu Hause auf,
um an einem
anderen Ort nach dem
KOSTBARSTEN 🎁 GESCHENK
zu suchen.

Nach vielen Jahren
der Enttäuschung
war der Mann es leid,
nach dem
KOSTBARSTEN GESCHENK
zu suchen.

Er hatte jedes
neue Buch gelesen.

Er hatte in allen
Zeitungen nachgesehen.

Er hatte in den
Spiegel geblickt.

Und er hatte in den
Gesichtern der Menschen
um sich gesucht.

Er hatte es sich so gewünscht,
das KOSTBARSTE GESCHENK zu finden,
dass er die größten Mühen
auf sich nahm.

Er hatte auf den höchsten
Berggipfeln gesucht
und in kalten, dunklen Höhlen.

Er hatte im dichten,
feuchten Dschungel
danach geforscht,

und auf dem
Grund der Meere.

Umsonst.
Seine anstrengende Suche
hatte ihn erschöpft.

Schließlich
wurde er krank.

Aber er wusste nicht,
warum.

Müde kehrte er
zu dem alten Mann zurück.

Der alte Mann freute sich, ihn zu sehen.
Die beiden lächelten einander oft an
und lachten gelegentlich sogar laut
miteinander.

Der junge Mann genoss
die Gesellschaft des alten Mannes.
In seiner Gegenwart
war er glücklich.

»Vermutlich bin ich glücklich,
weil auch der alte Mann
glücklich und mit sich zufrieden ist«,
dachte er.

Das Leben des alten
Mannes war keineswegs
frei von Mühsal
und Schwierigkeiten.
Er schien nicht viel Geld
zu besitzen.

Außerdem war er
offenbar meistens allein.

Eigentlich gab es keinen
ersichtlichen Grund,
warum er so viel glücklicher
und gesünder war
als die meisten Menschen.

Aber er WAR glücklich.

Und die Menschen,
die sich in seiner Gesellschaft aufhielten,
waren ebenfalls glücklich.

»Warum ist es so angenehm,
mit ihm zusammen zu sein?«,
fragte sich der junge Mann.

»Warum bloß?«

Als er fortging,
grübelte er noch immer darüber nach.

Nach vielen Jahren kehrte
der einst junge Mann zurück,
um weitere Fragen zu stellen.

Er war nun sehr unglücklich
und häufig krank.

Er musste einfach mit
dem alten Mann sprechen.

Aber der alte Mann
war inzwischen ein Greis.

Allzu bald sprach er
nicht mehr.

Die weise Stimme
verstummte für immer.

Nun war
der Mann allein.

Zunächst trauerte er
über den Tod
seines alten Freundes.

Dann bekam er Angst.
Große Angst.

Er fürchtete,
dass er nie lernen würde,
glücklich zu sein.

Bis...

er schließlich
die Wahrheit akzeptierte:

Nur er allein
würde sein Glück
finden können.

Der unglückliche Mann erinnerte sich,
was der glückliche alte Mann
vor vielen Jahren zu ihm gesagt hatte.

Doch so sehr er sich auch bemühte,
er verstand es nicht...

Er versuchte, die Worte zu begreifen,
die er gehört hatte.

Das KOSTBARSTE GESCHENK
hat nichts
mit Wünschen zu tun...

Wenn du das
KOSTBARSTE GESCHENK besitzt,
bist du glücklich und zufrieden,
wo immer du auch sein magst...

Der Wert des
KOSTBARSTEN GESCHENKS
liegt nur in ihm selbst...

Das KOSTBARSTE GESCHENK
bekommst du nicht von jemand anders.

Nur du selbst
kannst es dir schenken...

Der unglückliche Mann
war es inzwischen leid,
nach dem
KOSTBARSTEN GESCHENK
zu suchen.

Er war es leid,
sich dieses Geschenk
immer und immer wieder
zu wünschen,
so dass er schließlich
einfach aufgab.

Und in diesem
Augenblick geschah es!

Er wusste nicht,
warum.

Es geschah einfach...

Er erkannte, dass
das kostbarste Geschenk
nichts anderes war als:

die Gegenwart.

Nicht die Vergangenheit
und nicht die Zukunft.

Sondern einfach die Gegenwart.

Da begriff er,
dass jeder Augenblick
kostbar war.

Nicht weil er
vollkommen war –
denn das schien er
oft nicht zu sein.

Sondern weil er
alles beinhaltete,
was einem Menschen
bestimmt war...

in diesem Augenblick.

Plötzlich
war der Mann glücklich.

Er erkannte, dass er nun
das KOSTBARSTE GESCHENK genoss,
in der Gegenwart zu leben.

Triumphierend hob er die Hände
in die kühle, frische Luft.
Er war glücklich...

Für einen Augenblick...

Doch ebenso schnell,
wie er sein Glück
erfasst hatte,
verschwand die Freude
über das
KOSTBARSTE GESCHENK.

Langsam
senkte er die Hände
und griff sich nachdenklich
an die Stirn.

Wieder einmal
war der Mann –
unglücklich.

»Warum habe ich das Offensichtliche
nicht schon vor Jahren erkannt?«,
fragte er sich.
»Warum habe ich so viele kostbare
Augenblicke einfach
vorüberziehen lassen?

Warum musste
so viel Zeit verstreichen,
ehe ich lernte,
in der Gegenwart zu leben?«

Während sich der Mann an all die
ergebnislosen Reisen rund um die Welt
erinnerte, die er auf der Suche
nach dem KOSTBARSTEN GESCHENK
unternommen hatte, begriff er,
wie viele glückliche Augenblicke
er versäumt hatte.

Wie oft hatte er in der
Vergangenheit das Gefühl gehabt,
dass ein Augenblick
einfach nicht vollkommen war.

Er hatte nicht erkannt,
was ihm jeder Augenblick
und jeder Ort an Glück bot.

Er hatte so vieles übersehen.
Das machte ihn traurig.

Der Mann fuhr fort,
sich Vorwürfe zu machen.
Dann bemerkte er, was er tat.

Er sah, dass er sich in Schuldgefühle
wegen seiner Vergangenheit verstrickte.

Sobald er sich
seines Unglücks bewusst wurde
und erkannte,
dass er wieder
in der Vergangenheit verharrte,

kehrte er in die Gegenwart zurück.

Und war glücklich.

Doch dann begann der Mann,
sich über die Zukunft
Sorgen zu machen.

»Werde ich auch
morgen noch wissen, dass es
das KOSTBARSTE GESCHENK
ist, in der Gegenwart
glücklich zu sein?«, fragte er sich.

Dann bemerkte er,
dass er in die Zukunft
hinübergeglitten war,
und lachte – über sich.

Er wiederholte,
was er bereits wusste,
und lauschte
der Weisheit
seiner eigenen
Stimme.

Es ist klug,
über die Vergangenheit
nachzudenken
und aus ihr zu lernen.

Aber es ist unklug,
in der Vergangenheit
zu verharren.

Denn dadurch
verliere ich mich.

Es ist auch klug, über die
Zukunft nachzudenken
und sich auf sie
vorzubereiten.

Aber es ist unklug,
in die Zukunft
hinüberzugleiten.

Denn auch
dadurch verliere ich mich.

Und wenn
ich mich verliere,

verliere ich das Kostbarste,
das ich besitze.

So einfach war es.
Nun sah er es
klar und deutlich.

Die Gegenwart
nährte ihn.

Doch der Mann wusste,
dass es nicht einfach sein würde.

Er würde wieder und wieder
lernen müssen,
in der Gegenwart zu leben,
bis sie ein Teil
von ihm geworden war.

Auf einmal begriff er,
warum er die Gesellschaft
des alten Mannes
so genossen hatte.

Der alte Mann hatte ganz
in der Gegenwart gelebt,
wenn er mit ihm zusammen war.

Er hatte weder über etwas anderes
nachgedacht, noch sich gewünscht,
an einem anderen Ort zu sein.

Er hatte voll und ganz
in der Gegenwart gelebt.

Es tat einfach gut,
mit einem solchen Menschen
zusammen zu sein.

Nun lächelte er in sich hinein,
wie es der alte Mann immer getan hatte.

Denn er wusste...

Ich habe die Wahl,
jetzt glücklich zu sein

oder dann,
wenn dies eintrifft
oder jenes...

Der Mann entschied sich für JETZT!

Augenblicklich war er glücklich. Er fühlte,
wie er von Ruhe und Frieden erfüllt wurde.

Da beschloss er, jeden Augenblick seines
Lebens als vollkommen zu genießen...
den vermeintlich guten
und den vermeintlich schlechten...

Auch wenn er etwas in seinem Leben
vielleicht nicht verstehen könnte.
Doch das machte ihm zum ersten Mal
in seinem Leben nichts aus.

Er akzeptierte jeden einzelnen kostbaren
Augenblick auf diesem Planeten als

Geschenk.

Ich weiß, dass sich einige schon
in jungen Jahren entschließen,
das KOSTBARSTE 🎁 GESCHENK
anzunehmen –
ein Leben in der Gegenwart.

Andere entschließen sich
in der Mitte ihres Lebens dazu,
und wieder andere im hohen Alter.
Einige können sich leider nie dazu
durchringen.

Ich kann dieses
KOSTBARSTE 🎁 GESCHENK annehmen,
wann immer ich will.

Während der Mann
darüber nachdachte,
fühlte er sich
unendlich glücklich.

Und er wusste:

Er würde von nun an
immer er selbst sein,
egal, wo er war.

Und wieder hörte er
seinen eigenen Gedanken zu.

Die Gegenwart ist, was sie ist.
Und sie ist kostbar,
auch wenn ich nicht weiß,
warum.

Und sie ist immer,
wie sie sein soll.

Wenn ich
der Gegenwart begegne,
muss ich sie annehmen
und in ihr leben.

Dann fühle ich mich wohl
und bin glücklich.

Schmerz
ist der Unterschied
zwischen dem,
was ist,
und dem,
was ich mir wünsche.

Wenn mich Schuldgefühle
über meine unvollkommene
Vergangenheit plagen,

oder ich mich
wegen meiner
unsicheren Zukunft
ängstige,

lebe ich nicht in der
Gegenwart.

Dann fühle ich den Schmerz,
mache mich selbst krank
und bin unglücklich.

Meine Vergangenheit
war einmal
Gegenwart.

Und meine Zukunft
wird einmal
Gegenwart sein.

Dieser Augenblick ist die
einzige Wirklichkeit,
die ich je erlebt habe und
erleben werde.

Solange ich
in der Gegenwart lebe,
werde ich für immer und ewig
glücklich sein:

Denn Gegenwart
ist immer.

Das Geschenk der Gegenwart
ist das Wissen,
wer ich bin
und wie ich bin…
genau in diesem Augenblick.

Deshalb
ist es so kostbar.

Das kostbarste Geschenk
ist etwas Wunderbares,
das ich mir
selbst schenken
und von mir selbst
bekommen kann.

Denn ich selbst
bin kostbar.

Ich bin das

KOSTBARSTE GESCHENK.

Der Mann schmunzelte.

Dann begann er zu lächeln.
Ihm war, als könne er
den alten Mann sprechen hören.

Sein Lächeln wurde breiter,
und schließlich begann er zu lachen.

Ihn erfüllte eine große Freude,

denn er wusste, dass er nicht
dem alten Mann zuhörte...

sondern sich selbst!

Es tat ihm gut,
seine eigene Gesellschaft
zu genießen.

Er fühlte,
dass er genug hatte.

Er fühlte,
dass er genug wusste.

Er fühlte,
dass er selbst genug war.

JETZT,
in diesem Augenblick!

Endlich hatte er

das KOSTBARSTE GESCHENK

gefunden und akzeptiert.

Er war

vollkommen glücklich.

Einige Jahrzehnte später...

Der Mann war zu einem
glücklichen, erfolgreichen und
gesunden alten Menschen geworden,

als er eines Tages
einem kleinen Mädchen
begegnete.

Das Mädchen genoss es,
mit dem »alten Mann«,
wie sie ihn nannte,
zusammen zu sein.

Irgendetwas Besonderes
war an ihm, auch wenn
das Mädchen nicht wusste,
was es war.

Eines Tages
begann das kleine Mädchen,
dem alten Mann
aufmerksam zuzuhören.

Es fühlte die Stärke in
seiner ruhigen Stimme.
Er wirkte so glücklich.

Das kleine Mädchen
wusste nicht, warum.

»Wie kann jemand, der so alt ist,
so glücklich sein?«, wunderte es sich.

Als das Mädchen dem alten Mann
diese Frage stellte, lächelte er.

Dann erzählte er es ihm.

Plötzlich
sprang das Mädchen
begeistert auf!

Als es davonlief,
um zu spielen,
lächelte der alte Mann,
denn er hörte die Worte
des kleinen Mädchens:

»Toll!«,
rief es begeistert aus.

Spencer Johnson
DAS GLÜCKSPRINZIP

»Hoffentlich
bekomme ich auch
eines Tages...«